Roger Schöntag

Streugut
Reisegedichte aus Europa

Ibykos Verlag

München, ibykos.verlag@yahoo.de
ISBN: 978-3-00-051256-8

Photographien: Roger Montagne
Titelbild: Castello di Duino, Friaul

Herstellung und Vertrieb:
Books on Demand GmbH
Norderstedt

Reisegedichte
Verstreute Gedichte
Aphorismen

Ele avoit blonde la crigne
et bien faite la sorcille,
la face clere et traitice:
ainc plus bele ne veïstes.
(*Aucasssin et Nicolette* V, 7-10)

Pur ceste dame que ai veüe
M'est une anguisse al quor ferue,
Ki tut le cors me fet trembler.
(MARIE DE FRANCE, *Équitan*, 67-69)

Reisegedichte

Toulouse

Bleiern liegt die Spätsommerhitze
Über den Dächern,
Wölkt durch die Straßen
Und Gassen der Altstadt.
Das Schlendern wird zur Qual.

Plötzlich, unversehens, rechter Hand,
Eine versteckte Tür
Lädt ein dem Treiben zu entfliehen.
Der Eintritt in eine andere Welt.
Die Zeit bleibt stehen.

Ein Kloster, säkularisiert, museal genutzt,
Bringt Linderung
Für Körper, Geist und mehr.

Alte Ziegelmauern, kalt, abweisend,
Römische Grabplatten an den Wänden,
Ein Kreuzgang, verfallen,
Der Odem der Geschichte,
Kein Mensch, kein Gott.
Endlich Angekommen!

September 1993

Granada

Flammender Himmel,
Eiskalte Nächte,
Im Herzen von Al-Andalus.
Endlich!

Zitternd vor Erwartung,
Die Manifestationen der Convivencia,
Die Alhambra,
Zum Greifen nahe.
Aber wo?

Betoneingefaßte Grünanlagen,
Südlicher Charme
Aufgerissener Hochhausromantik,
Zersplitterte Flaschen,
Müllreste und streunende Hunde,
Verwahrloste Gestalten.

Ein süßlicher Duft weht
Durch die Gassen,
Die Straßenlaternen flackern
Und bleiern
Drückt die Nacht.

Nirgendwo ist das Bahnhofscafé freundlicher!

Antibes

Nie waren die Nächte wärmer,
Nie ein Lufthauch sanfter,
Nie das Plätschern der Wellen beruhigender,
Nie die Sehnsucht größer.

Nur hier war alles gut,
Nur hier erstmals alles richtig.

Scheinbar.

FOUGÈRES

Fiebrige Hitze
Auf den Wangen,
Zitternd, gehetzt,
Von wem, von was?
Schneller, rasch,
Suchen, finden,
Was? Wen? Wieso?
Innehalten, schwitzen,
Nervös umschauen.
Blick über Zinnen,
Mauern, Gärten.
Weiter eilen,
Hetzen durch
Straßen, Gassen.
Nichts. Nicht da.
Elle n'a jamais existé.

Oslo

Kriechend naßkalt,
Wolkenverhangen,
Graue Wellen.

Eine Straßenbahn quietscht
Im Schneegestöber.

Angekommen im Norden,
Nach langer Flucht.
Tausende Kilometer
Im Rücken.
Warum?

Die Distanz hilft,
Hilft nicht.

Es ist irgendwie anders,
Aber nicht besser.

Le Puy-en-Velay

Leuchtender Himmel
Über allen Felsnadeln,
Klar, unbestechlich, wahr.

Endlich frei!

PLÖCKENSTEIN

Kahle Baumstümpfe ragen
In den schweißnassen Himmel.
Die Sonnenstrahlen stechen
In die dampfende Moorwiese.

Fiebrige Suche,
Hastiges Eilen,
Ablaufen,
Grenzsteige,
Suchen, suchen,
Weitersuchen.

Nicht finden können.

Gr. Rachel, Bayerischer Wald

Serles

Später Nachmittag,
Hoch über der Innbrücke,
Eine laue Brise
Weht warm, freundlich.
Ruhe, endlose Ruhe,
Ganz im Gebirge,
Teil der Landschaft sein.
Auf dem höchsten Felsen,
Weit über den Dingen stehen.
Kein Denken stört.

Eine schöne Illusion!

BIARRITZ

Grenznah sterben,
Mondän und nonchalant.

Verrecken ganz nebenbei,
Für die meisten einerlei.

Niemanden hassen
und doch für immer verblassen.

Einfach nur so,
Mit Esprit und nicht roh.

Das hätte was,
Wenn ich's auch lieber laß.

Perpignan

Eine Jugendherberge, weißgekalkt,
Inmitten eines mediterranen Gartens.
Die südliche Sonne läßt alles
In gleißendem Licht erscheinen.

Eine Vorahnung
Von Spanien,
Katalonien,
Anarchismus,
Surrealismus.

Ein gefälschter Ausweis,
Entspannung, Erleichterung.

Endlich anonym!

Bibliothek von Compiègne, Picardie

Gran Sasso d'Italia

Über dem Jagdrevier des großen Staufers
Kahler Kalk,
Der sich über scharfen Graten emporwindet.

In der mediterranen Sonne gleißt
Warmer Fels,
Steil über dem Morgendunst himmelwärts.

Weit schweift der Blick
Übers Meer,
Über Bergrücken.

Die Gedanken verlieren sich,
Eine leichte Brise,
Alles löst sich auf.

Inverness

Blaukaltklares Meer,
Schneebesteubte Hügel.

Die Sonne hebt sich,
Löst den Morgendunst,

Gibt die Sicht frei,
Auf die reinen Gedanken.

LUND

Schwedischer Frühling auf dem Campus
Unter den Augen von Linné.
Fröhliches Lachen der blonden Grüppchen.
Studentinnen auf der Wiese lagernd
zwischen blütenverhangenen Bäumen.

Alles drängt nach draußen,
Knospet und zwitschert.
Über den Plätzen, durch die Gassen
Heiterkeit und Leichtigkeit,
Duft von Kaffee und Gebäck,
Süße Wolken,
Laue Brise,
Zaghafte Sonne.

Sinne so wach!

Skara Brae
(Orkney)

In scharfen Windböen
Brandet
Rauhes, aufgewühltes Meer,
zittern
Moose und Heidekraut.

Im Licht des Nordens
Zerfurchter Himmel,
Karges Inselland,
Alles Atlantik.

Fünftausend Jahre
Blicken herauf.
Menschenalter
Sind nichts,
Sind alles.

Das Ich im Wind der Geschichte.

Arco

Steineichen über warmem Kalk,
Zypressen ragen in den Himmel,
Pinien duften verheißungsvoll nach Süden;
Mediterranien unter schneebedeckten Gipfeln.

Im Olivenhain über der Stadt,
Unter den Zinnen des Castello
Glänzt die Sarca durch die Felder,
Schweift der Blick.

In der Ferne kräuselt der See.
Eine Frühlingsbrise trägt
Die Gedanken weg aus ihrer Enge,
Hinterläßt eine angenehme Leere.

Tarent

Omertà weht durch die Gassen
Der verwinkelten Altstadt,
Fegt über die Boulevards
Der betongesichtigen Neustadt.

Das Glitzern des azurblauen Mare Nostrum,
Die griechische Polis auf dem kargen Fels
Mit ihren weißgekalkten Häusern
Ist weit weg in Zeit und Raum.

Von Ferne dröhnt der Hafen,
Raffinerien laufen auf Hochtouren,
Gestein knirscht durch die Zementfabrik,
Fracht wird tonnenweise gelöscht.

Ein Netz
Von zerbröckelnden Tangenzialen
Schnürt
Der Königin der Magna Graecia
Die Luft ab.

Sopron

Aufgerissenes Kopfsteinpflaster
in der Mittagssonne,
Nicht dekodierbare Sprachfetzen
am irritierten Innenohr,
Erste, zögerliche Schritte
hinterm Eisernen Vorhang,
Vor der Stadt Puszta-Klischees
zwischen Strommasten.

Die Neue Welt - alles normal!

August 1990

Monts d'Arrée

Zwischen Roc'h Trévézel und Saint-Michel
Schwingt sich das Hügelland auf.
Kalkfelsen mit Flechtwerk
Ragen aus dem Heidekraut.
Weit ist das rauhe Land,
Salzig die klare Luft,
Tiefblau und einsam der See,
Wolken rasen, Wind peitscht.

Nirgendwo strahlt es mehr,
Das Land der Bretonen,
Dem Atommeiler sei Dank!

Nizza

Aufgeschütteter Kiesstrand,
Zwischen Landebahn,
Schnellstraße und Bahngleisen,
Flankiert von gestaffelten Reihen
Betongerippewohneinheiten,
Bevölkert von Touristenhorden,
Staksend zwischen Plastikmüll
Und alten Heroinspritzen,
Auf der Suche nach dem
Optimalen Sonnenbrand.

Das hat sie nicht verdient,
Die Stadt der Siegesgöttin.

Rijeka

Leicht kräuseln sich die Wellen,
Plätschern gegen die Felsen der Bucht.
Das Urlaubsblau der Adria
Setzt sich am strahlenden Himmel fort.
Sanft spürt man den Wind
Übers Meer gleiten.
Die Sommerhitze wird erträglich,
Läßt einen behaglich dösen.
Nichts stört das mediterrane Wohlbehagen.
Wirklich nichts?
Nichts.

Mitten in der sengenden Karstlandschaft
Wirre Reihen heruntergekommener
Wohnhäuser,
Betonbalkone mit Wäscheleinen,
Lose Stromleitungen von Haus zu Haus,
Satellitenschüsseln angelegten Ohren gleich,
Dröhnende Abgase über der Stadt,
Bröckelnde Fassaden, leere Geschosse.
Einschußlöcher!

August 1996

Haarlem

In die Morgensonne blinzeln,
Ein Tisch im Straßencafé,
Umwölkt von frischem Koffie,
Gemächlich glüht die Zigarette,
Der Blick schweift gelassen
Über rote Backsteinhäuser,
Renaissancefassaden,
Boote auf den Grachten,
Morgendliches Treiben.

Tiefenentspannt!

Abseits von Tulpen,
Windmühlen und Kif.

Nikolaikirche, Bautzen

Märkische Heide

Götterdämmerung im Seenland!

Stehengebliebene Zeit,
Verlorene Zeit,
Kaputte Zeit.

Fühlbare Tristesse
In besinnlicher Natur

Entrückt, verloren,
Seelenlos.

Nirgendwo ist Europa ferner.

Lacoste

Im Sonnenuntergang wehen warm
Die letzten Strahlen herüber.

Der mächtige Bergfried strahlt über
Die sanften Hügel des Lubéron.

Landschaft und Dörfer
Verschmelzen im Abendlicht.

Die Touristenströme werden dünner,
Die Menschen ziehen sich zurück.

Ruhe kehrt ein in die alten Gemäuer,
Der Marquis ist wieder für sich.

Nun ist die Zeit gekommen
Philosophie zu betreiben!

Karlsbad

Goethe wohnt neben Marc O'Polo,
Bogner, Escada und Vodafone.

Karlovy Vary

Unter der Autobahnbrücke
wohnen Tesco, Lidl und Kaufland.

Belém

Imposant ragt der Torre ins weite Meer hinaus,
Kündigt ornamental von Portugals Weltreich,
Begründet durch die Weitsicht Dom Henriques,
Aufgelöst in Sebastianismo und Saudade,
Degradiert zum Touristenmagneten.

Fassadenwechsel!

Heißes Flimmern
Überm schwarzen Asphalt
Zwischen weißem Beton.
Plastiktüten wehen,
Cola-Dosen rollen.
Mediterrane Urbanität!

Béziers

Im Dunst die Pyrenäen,
Am Horizont das Meer,
Frei der Blick,
Groß die Sehnsucht,
Tief der Schmerz.

Perdu pour toujours!

Dinard, Bretagne

St. Malo

Der schönste graue Himmel,
Hinter grauen Häusern.
Ein bretonischer Sonnenstrahl
und alles lacht.

Aux remparts, deux filles
Sur un canon, souriantes,
L'image parfaite.

Brügge

Ein Hinterhof öffnet sich,
Arkaden in der Dämmerung,
Beats hängen unter der Gewölbedecke.
Ein Feierabendbier,
Entspanntes Plaudern,
Helles Lachen,
Im Schein des bunten Lichts.

Weit weg und vergessen,
Der Museumsstadttouristenwahnsinn.

Murten

Die perfekte Kulisse überm See,
Malerisches Fachwerk,
Starke Mauern, hohe Zinnen,
Torbögen über Kopfsteinpflaster.

Eidgenössische Provinz,
Symbolträchtige Geschichte,
Spürbar ist die Enge,
Der Staub in allen Gassen.

Glücklich wer fliehen kann,
In ein Café nach Bern, Biel
Ou même à Neuchâtel.

Marazion, Cornwall

Flachau

Mit elektronischer Marke versehen
Schieben sich die amorphen Massen
Über Abtropfgitter, Gummimatten.
Eingepfercht zwischen Stahlgeländern
Wird das Vieh durchgeschleust
Und in einzelne Kabinen gepresst.

Draußen dröhnt der Beat
Aus der stilisierten Alm
Über die zugeeiste Winterweide.

Keine Postkartenidylle, kein Kitsch,
Hinter Plexiglasscheiben
Nur noch die Alpenpartyskyline.

Jelling

Grün, sehr grün, alles grün.
Englischer Rasen
Auf dänischem Grund.
Mit Hügel,
Grün,
Mit Runenstein,
Grün,
Friedlicher grüner Ort
Eines blutigen Beginns,
Mit Supermarkt.
Und sonst? - Grün.

Glastonbury

Mystifizierte Landschaft,
Entrückter Ort.
Es weht.
Man darf alles glauben.
Normalität sieht anders aus.

Eintritt kostet' s trotzdem.

Kathedrale von Wells, Somerset

Andorra

In der Höhenluft
Im Kaufrausch.

Rennes

Der träge Morgen:
Bretonischer Regen
In schlafender
Fachwerkpartymeile.

Der sanfte Abend:
Jenseits des Quai
In den Gassen und Kellern
Zwischen Essensduft
Fröhliches Stimmengewirr
Der Semesterferienrestgesellschaft.

ARCACHON

Sand

Laval, Mayenne (Pays de la Loire)

Krakau

Es pulsiert,
Durch die Gassen,
In den Gewölben.
Stimmengewirr, polyglottes,
Von fern und nah.

Im Sog der Stare Miasto,
Abends pendeln
Zwischen Coffee Shops,
Angesagten Bars,
Künstlern und Studenten.

Touristenströme
Wie ferngesteuert,
Kompakt in Gruppen,
Blind Kulturpunkte
Abhakend.
Mitten auf dem Rynek Główny
Zirkelt Zigarettenrauch
Einsam himmelwärts.

Gefangen vom Leben,
Abseits mittendrin,
Fern schweifen die Gedanken,
Ans andere Ende Europas.

Grosseto, Toskana

CERBÈRE

In der gleißenden Mittagssonne,
Endstation.
Mitten in Europa und doch am Rand,
Spurweitenwechsel.
An einem unscheinbaren Bahnhof,
Grenzerfahrung.

Jenseits des Gleisbetriebes,
Französische Dorfidylle,
Boules, Apéro, Midi.

Mit kargem Reiserucksack
Am Stadtstrand im groben Kies,
Zwischen Kleinfamilie und Fischerboot.

Beschaulich das Leben,
Die See in der Bucht;
Die Glieder so müde.

Port Bou, der Schicksalsort,
So fern vom Hier und Jetzt,
Vielleicht unerreichbar heut.

Das Immer-weiter,
Tief drinnen fest,
In Zwangspause.

Manchmal ist Leere gut!

September 1993

Verstreute Gedichte

TUNNELBLICK

Eisge Schauer jagen über bloßen Rücken,
Perlen tropfen von der blanken Stirn,
Wie leergefegt das ausgedörrte Hirn,
Es gähnt der Schlund, umkreist von Mücken.

Am End des Gangs ward kein helles Licht,
Allein die Lava, die hier sich bricht.
Im matten Schein der infernalischen Glut,
Der Herr der Fliegen, symbolisch für die Wut,

Steht am Ausgang erwartungsvoll dort drin.
Ein neues Opfer muß hier arrivieren,
Wie üblich wird der Mensch sich wohl zieren.

Falschester Hoffnung saß er auf im Leben,
Baute auf das Glück und das stete Streben,
Wahr jedoch ist nur das Ende ohne Sinn.

Landschaft

Der Himmel hängt in Fetzen,
Blutrot zerreißen die Wolken den Abend.
Hügel, gespickt mit messerscharfen Tannen,
Die Wunden in die Atmosphäre schlagen.

Dort hinten wird Sehnsucht gemordet,
Verlangen eingeschnürt und erstickt.
Jedwedes Gefühl für Lebendigkeit begraben,
Und schließlich dem Vergessen preisgegeben.

Il faut que je m'en souvienne!

Die Bank am Wegesrand

In einer Auenlandschaft,
Von Wegen durchzogene Magerwiesen.
Mäandernd bahnt sich das Gewässer
Sanft fließend seinen Weg.

An einer Flußschleife
Ein Altwasserarm mit lichtem Gehölz.
Über dem sandigen Ufer, eine schlichte
Holzbank,
Welche zum Verweilen lädt.

Ein Wandrer nähert sich.
Scheint auf der Suche nach Rast,
Und nimmt geraden Schrittes,
Die Bank ins Visier.

Die Idylle erscheint vollendet.
Bukolische Landschaft,
Ein romantisch Genießender,
In seinem Arkadien am Rande der Stadt.

Der Schein ist trügerisch:
Nicht Ruhepol, noch Rastplatz,
Doch zur letzten Stätte wird die Bank.
Zerfressen von innrer Qual bleibt jener für ewig
da.

Cogito

Je pense, donc je ne peux plus,
Je ne peux plus penser.
C'est plutôt ceci,
Ou plutôt cela.

Déchiré
Tourmenté
Maltraité

Raison d'être?
C'est toi, la trouvaille!
Dubito.

ABSURDISTAN

Der Mensch
Im Leben
In der Gesellschaft
Absurd.

Junge, Mädchen
Frau, Mann
Mann, Junge
Mädel, Frau
Ich, du
Er, sie
Wir
Absurd.

Verwirklichung
Ziele, Zukunft
Beruf, Haus
Ehe
Kinder
Eltern
Absurd.

Freiheit, Wünsche
Zweckgebunden
Losgelöst
Ideale, Ideen
Gefühle
Bindungen
Absurd.

Und doch, es geht!

Meistens
Oft
Nicht immer.

STUPOR MUNDI

Neugier umspielt die hübsche Nase,
Ein fröhlich spöttischer Zug die Lippen.

Ein Wirbelwind an Wissen,
Ungebremst durchs Leben reisend.

Unentwegt nach Neuem drängend,
Saugt sie begierig alles auf:

Eindrücke,
Erfahrungen,
Erkenntnisse.

Ständig auf der Suche
Nach Abwechslung,
Denn Stillstand
Lähmt das Denken.

Intensiv,
Inspirierend.

Apathie

Allumfassend pocht
Die innere Leere,
Das Gefühl der Taubheit
In den Nervenbahnen.
Nichts durchdringt
Die Verzweiflung.

Alles wird absorbiert,
Neutralisiert.
Nichts bewegt,
Passioniert.

Kein idealer Zustand.

Abgeschlossen

Ein Lustrum Selbstverleugnung,
Selbstaufgabe, Selbstentäußerung.
Tarnen, taktieren, täuschen.
Zweifeln, zaudern,
Suchen.
Vergessen suchen.
Auf der Suche nach dem Vergessen.
Befreiung,
Glück.
Das Glück der Gefühllosigkeit!

Existentialistische Höllenfahrt

Mit klarem Verstand in den Untergang,
Sehenden Auges ins Verderben.
Erkennen, verstehen, begreifen,
Und doch,
Alles nimmt seinen Lauf,
Unausweichlich.
Innerlich blockiert und handlungstaub,
Geistig wach, aber willenlos.

Jeder verantwortet sich selbst! – *moi aussi*.

Sisyphos

Tiefste Hoffnungslosigkeit,
Ballast des Lebens,
Rückschlag auf Rückschlag,
Sinnlosigkeit des Strebens,
Höchste Aussichtslosigkeit.

Und doch,
Ein glückliches Leben,
Mit Fortunas Amplituden,
Mit Aufgaben und Zielen,
Ohne Sinn.

Die Akzeptanz des Absurden!

Tag im August

Aufbäumen vor Lust,
Alles vergessen,
Nur fühlen,
Unendliches Glück,
Hohe Zeit.

Höhepunkt der Qualen,
Präzisionsmaschine Imagination.

Gleiches Firmament,
Weit auseinander.
Ihr das Glück,
Mir das Gedicht.

Vorlesung

Über dem Saal ein Geruch
Aus dem vorigen Jahrhundert,
Vernarbte Bänke knarzen.
Ein Sonnenstrahl streicht
Über einen bloßen Nacken,
Blonde Locken,
Spielerisch verträumt.

Versunken in Betrachtungen.

Das Thema rauscht,
Plätschert im Hintergrund
Vorbei.

Distanz

In jenes Land fern,
Dort unter eine andere Sonne
Träumt es mich.

Denn hier fehlt,
Fehlt mir Nähe.

Lachen, diskutieren,
Leicht parlieren,
Sorgen teilen,
Neues tauschen,
Partizipieren
An der Welt,
Der deinen.

Dorthin
Streben die Gedanken,
Fort von mir.

Zurück bleibt,
Leer, im Garten,
Auf der Wiese,
Die Erinnerung,
Die verblasst.

GERÜCHE

Zelt
Pinien
Meer

Zelt
Kiefern
Bergwiese

Kairos

Der Morgen webt den Dunst
In die Tannen, über die Felder.
Es entweicht der Traum, noch warm,
Ein Augenblick verweilt,
So schön, so flüchtig,
Zwischen Nacht und Tag,
Glücklicher Imagination
Und klarem Verstand.

Dann reißt Lethe alles fort.

Die Glyptothek

Letzte Sonnenstrahlen des Jahres
Wärmen den weißen Marmor,
Die Säulen, die Treppenstufen.
Ort der Entspannung, der Begegnung
Im Herzen der Stadt und doch weit weg.

Vielleicht ein Bier, eine Zigarette
Oder nur die Augen schließen.
Alles ist möglich.

Jeder ist willkommen,
Keiner muß, alle dürfen.
Ein Buch auf dem Schoß
Oder Musik im Ohr,
Nichtstun zelebrieren
Oder auf die Muße warten,
Blicke suchen oder
Gefunden werden.
Alles ist möglich.

Dösen, plaudern
Bis zum letzten
Sonnenblinzeln,
Hinüber in die milde
Dämmerung.

Wer weiß schon
Was morgen kommt,
Alles bleibt möglich.

Glyptothek, München

ALLES FLIEẞT – DAHIN

Vorbei, vorbei, bald vorbei,
Überstanden, vorübergegangen,
Fort aus den Gedanken,
Gelöscht in der Erinnerung,
Ängste, Qualen,
Kümmernisse, Betrüblichkeiten,
Große, kleine Sorgen,
Schmerzen, Wunden,
Vorbei.
Glücksmomente, Hochgefühle,
Menschen, Stationen,
Das Leben,
Vorbei.
Zerflossen in Zeit und Raum.
Das Jetzt ist zu kurz!

Essenz des Lebens

Sehend in den Abgrund rennen,
Taumelnd in die Tiefe stürzen,
Euphorisch auf das Neue brennen,
Perzeptiv das Leben würzen,
Heuristisch alles strukturieren,
Aggregativ die Sinne schärfen,
Normal niemals funktionieren,
Intuitiv sich ins Geschehen werfen,
Erkennen und goutieren.

Nicht-Sein

Wie kann es sein,
Daß Du nicht mein,
Das Dir,
Zu mir
Nicht gehört.

Das Ist
Nicht
Das Soll.

Das Wollen
Nicht
Das Sein.

Besser so,
Als so,
Sonst wäre
Alles anders.

Der Liebesdienst

Ausgesaugt,
Innerlich verbraucht,
Ausgehöhlt.

Ausgenutzt,
Äußerlich erschöpft,
Ausgelaugt.

Doch auch glücklich,
Zufrieden und
Entspannt.

Hoffentlich

Keim der Hoffnung,
Zerstört.
Neue Hoffnung,
Verblaßt.
Kaum Hoffnung.

Glücksmomente!

Neue Hoffnung,
Zerstört.
Wieder Hoffnung,
Schwindet.

Keine Hoffnung,
Keine Chance
Auf Glück,
Oder gerade dann.

Endloshoffnungsschleifendasein!

Sehnsuchtsort

Angekommen, mitgenommen,
entliebt, vertäuscht,
verwirrt, entwöhnt,
Angekommen, mitgenommen.

Zaungast

Auf die Dämmerung warten
- weiter nichts
Einfach dasitzen
- weiter nichts
Sich ihres Anblicks erfreuen
- weiter nichts

Alles zieht vorüber,
Zurück bleibt
- nichts weiter.

Aphorismen

Der Fluß fließt, die Gedanken eher nicht.

*

Die Wasser des Flusses strömen, strudeln und schäumen immerfort; immerfort in die gleiche Richtung - die Gedanken des Spaziergängers brausen entgegengesetzt.

*

Sous le pont Mirabeau coule la Seine, mais sur le pont d'Avignon se meurt l'espoir.

*

Wenn man glaubt es geht nicht weiter, kann sich immer noch ein tieferer Abgrund auftun.

*

Diese Stadt hat mir alles gegeben und auch alles wieder genommen.

*

Rennes nicht sehen und nicht sterben.

*

If you want to live on, kill your memory, kill your thoughts and kill your emotions.

*

Assoziationsketten - Assoziationsketten - Assoziationsketten

*

Amor greift in seinen Köcher, zieht einen neuen Pfeil heraus, legt ein, spannt den Bogen, visiert das Ziel an, schießt, trifft ins Herz und wendet sich mit Grauen ab.

*

Die vollständige und endgültige Zerstörung aller Hoffnung ist Ataraxie ohne Eudämonie.

*

Euthymia als Resultat des absolut gelebten Zynismus.

*

In dieser Phase sprengen die Schwankungen zwischen Glück und tödlicher Verwundung die Metriopatheia - das *dolce amaro* wird unerträglich.

*

Diese unsichtbare Wand, sie trennt so scharf, so schmerzvoll; unhintergehbar, unhinterfragbar - das Glück wohnt auf der anderen Seite.

*

Zentimeter nah, greifbar, fühlbar, spürbar - Lichtjahre entfernt.

*

La vie morte est la vie morte.

*

I exist, but I don't live.

*

Historisches Fühlen in Zeit und Raum.

*

Warten auf Etwas, was nicht eintritt, um dann weiter zu warten auf etwas Anderes - *ad infinitum.*

*

Versuchen etwas zu erreichen, um dann etwas anderes zu erreichen. Über dem Erreichen und dem Nicht-Erreichen vergeht das Leben.

*

Süchtig nach Abwechslung, nach dem Wechsel von Gegebenheiten, Ereignissen, Gedanken - zweckfrei.

*

Kein Sinn, kein Ziel, kein Zweck - warum auch.

*

Nicht der Weg ist das Ziel, das Ziel ist es auch nicht.

*

Sich in der Mitte seines Lebens im Wald zu verlaufen ist normal - sonst auch.

*

Wer die Regeln der Gesellschaft nicht unterläuft, hat sie nicht verstanden.

*

Philosophieren: Spazierengehen mit Sophie und von ihr lernen.

*

Politik ist gut. Was würde man sonst frühstücken.

*

Ein Staat braucht Anarchisten, sonst kann er sich nicht legitimieren.

*

Staatliche Willkür ist gut. Man würde sonst womöglich der Illusion verfallen, ein Staat wäre per se ein gerechtfertigtes und rechtmäßiges Gebilde.

*

Sokrates denkt - ich nicht. Sokrates ist ein Mensch. Ich versuche nicht zu denken - beim Denken.

*

Une mésalliance platonique.

*

Auf dem Höhepunkt der Verzweiflung tiefer stürzen.

*

Sich gedanklich auf das Schlimmste vorbereiten, mehr noch, es sich in allen Facetten lebhaft ausmalen, alle Hoffnung fahren lassen und dann nur den Normalfall erleben, ist zweifellos das höchste Glück.

*

Die scheinbar perfekte Vorbereitung, die detaillierteste Planung, das variantenreiche Einkalkulieren aller Eventualitäten - alles nichtig. Das Leben ist anders.

*

Überlegungen zur Wahrscheinlichkeit des Eintritts eines bestimmten Ereignisses ist was für Statistiker. Das Leben ist anders.

*

Gewinn- und Verlustrechnung, Negativ-Positiv-Bilanz: Wie ist das ureigene Befinden? - keine objektive Beurteilung möglich. Das Leben ist anders.

*

Das Glück ist da, sichtbar, präsent, personifiziert - ein Hauch von tiefer innerer Ruhe - vaporisiert für immer.

*

Alles leugnen, sich selbst verleugnen, das Wahre verbergen und Konformität und Kompatibilität zeigen - mitunter die einzige Möglichkeit nicht alles zu verlieren.

*

Offenheit hat ihren Preis: verschlossene Türen.

*

Sie lebt und liebt dort; ich vegetiere hier.

*

Der Verstand erkennt Realitäten und konstruiert gleichzeitig neue Realitäten, um die nicht erwünschten zu ersetzen. Hier ist die Grenze der Rationalität!

*

Das Leben ist merkwürdig - Ich habe es nicht verstanden! - Egal!

*

Être toujours en route…c'est la vie! - Bewegung als Seinsgrund, als Existenzberechtigung, als einzig mögliche Form des Daseins, denn Stillstand ist Nicht-Sein.

*

Lebensglück oder Kunst: Sein oder Erschaffen - keine Wahl.

*

Das Dasein ist absurd, das Dortsein erst recht.

*

Die eigene Existenz ist absurd, das Leben ist sinnlos, das Wollen und Wirken nicht.

*

Hoffnungslosigkeit ist Sinnlosigkeit, Hoffnung ist aber weder sinnvoll noch sinnhaft.

*

Optimismus ist gut, aber sinnlos - Pessimismus ebenfalls.

*

Dichtung ist keine Wahrheit, denn ist gibt keine Wahrheit, kann keine geben - das wäre zu einfach, einfach langweilig, langweilig absurd.

*

Glauben ist die maximale Irreführung des Verstandes.

*

Das soziale Wesen ‚Mensch' ist misanthropisch, egoistisch und individualistisch - nur so kann es sozial sein.

*

Der Tagtraum als wichtiger Ort der Entspannung, der Kreativität und Zuflucht vor der Realität.

*

Kurzfristiges Glück, also ein Glücksmoment im Sinne des maximalen Glücksgefühls ist immer auch an eine Absenz der *ratio* gebunden - deshalb maximal, deshalb kurz und deshalb ab und zu möglich. Langfristiges Glück ist ebenfalls möglich, aber schwierig, da sich auf Dauer das Denken nicht verbannen läßt - der Fluch des rationalen Wesens.

*

Nicht alles kann man rational erklären, nicht für alles gibt es Kausalzusammenhänge - kein Grund irrational zu werden.

*

Was sind die Komponenten des Glücks, der Liebe, des Lebens? - Eine Antwort wäre langweilig. Und doch: nichts wird mehr gesucht, erstrebt, ersehnt - wie sinnlos!

*

Die Kontingenz ist kontingent und bringt einen zur Verzweiflung.

*

Der Blick durch das metaphorische Fenster eröffnet einem die Welt - wenn man will.

*

Anarchismus als Leitgedanke zu größtmöglicher Rücksichtnahme.

*

Wichtig: Atheismus, Anarchismus, Existenzialismus, Stoizismus, Eudämonismus, Hedonismus - Noch wichtiger: kein Absolutheitsanspruch!

*

Das Akzeptieren der Absurdität der Existenz, der Sinnlosigkeit des Daseins, der Mediokrität des Selbst mündet in maximale Freiheit, maximale Verantwortung des eigenen Handelns und maximale Rücksichtnahme auf andere. Das Nichts zu füllen und zu strukturieren ist Aufgabe genug.

*

Das Denken ist begrenzt - schade, aber besser so.

*

Der Zug des Lebens fährt vorbei und man bleibt auf dem Bahngleis zurück.

*

Lebenszüge fahren manchmal kurze Zeit parallel, um dann abgeleitet zu werden - vielleicht wieder aufeinandertreffen, aber sicher irgendwann am Horizont entschwinden.

*

Auch scheinbare Luxusprobleme können schlaflose Nächte bereiten.

*

Volle Verantwortung tragen für das eigene Leben wiegt schwer - verantwortlich sein für das Glück im Leben ist eine erdrückende, kaum zu bewältigende Last.

*

J'étais tellement amoureux de l'idée de... ...de rien faire.

*

Endlich angekommen - nach langer mühevoller Reise, nach einer Reise durch Raum und Zeit, vorbei an Landschaften, Städten, Menschen - aber wo?

*

Weit oben im Gebirge, wo die Luft dünn wird, die Sicht unendlich und das Wetter unmittelbar, dort atmet man frei und unbeschwert, dort sind die Gedanken klar und ungetrübt - und dann steigt man wieder herab.

*

Weit weg, Abstand gewinnen, die Umgebung ändern, andere Vegetations- und Klimazonen anvisieren, noch weiter fort, in aller Hast, Aufbruch ins Neue, Ungewisse; erleben, alles aufsaugen, Eindrücke verarbeiten; dann zurücklehnen, durchatmen, innehalten - fatal: die Gedanken waren auf der Überholspur.

*

Hier und jetzt: Glücklich - gerade jetzt in diesem Augenblick. Und danach?

*

Auf der Suche nach...auf der Suche sein an sich ist gut, einfach suchen, nicht unbedingt etwas finden, finden müssen, glauben etwas finden zu müssen, suchen, nur suchen, suchen ist richtig.

*

Der Wille ist autonom, meistens - zumindest ist es ein vernünftiges Postulat, aber daraus erwächst keine Vernunfterkenntnis.

*

Kann die Vernunft einen Willen hervorbringen oder bedarf es dazu eines vernunftorientierten Willens?

*

Der dunkle Heraklit, der dunkle Humboldt, der dunkle Hegel - wo sind die luziden?

*

Descartes: die Hypostase der *clarté de la langue*.

*

Amors Giftpfeil.

*

Der Verstand erarbeitet eine Erkenntnis, ein gut begründetes Resultat einer intensiven Denkleistung. Es hilft nichts, er arbeitet weiter, kann gar nicht anders als alles wieder zu hinterfragen.

*

Morus, Campanella, Bacon: bessere Orte im Nirgendwo, mit Gebrauchsanweisung zum guten Leben - wie langweilig.

*

La Mettrie geht an einer Pastete zugrunde - Voltaire an Selbstzufriedenheit.

*

Auf der Suche nach dem Apeiron vergeht die Welt.

*

Der Verstand konstruiert seltsame Wege - und ich gehe hinterher.

*

Mit jeder Wiederholung wird das Bild unschärfer, langsam, unmerklich, aber sicher. Die sich selbst schwächende Vorstellungskraft als einzige Möglichkeit des Verstandes nicht zu implodieren.

*

Euphorie - Ein Ausnahmezustand mit Absturzgarantie.

*

Auf einen Schlag wird alles klar und deutlich - Sekunden später hat dichter Nebel alles verwischt.

*

Jegliche Sucht ist ein perfekter Eskapismus - bis man nur noch in die Sucht eskapiert.

*

Peripatetiker und Flaneur - sinnierend wandeln und sich schlendernd Gedanken machen - die einzig sinnhaften Daseinsformen.

*

Wenn allein der Ort die Schmerzen evoziert, dann ist etwas in einem gestorben, aber der Ort selbst lebt.

*

Gerade eben ist der Frühling an mir vorbeigeradelt.

*

Die Sicherheit etwas nicht erleben zu können fühlt sich taub an.

*

Die Dunkelheit potenziert immer den Schmerz, die Freude manchmal.

*

Damnatio memoriae - leider nicht bei einem selbst vollziehbar.

*

Das Gefühl der Wand vor einem, durchsichtig und flexibel, aber omnipräsent, undurchdringlich und unhintergehbar.

*

Die Erkenntnis nie den Hauch einer Chance gehabt zu haben, wiegt schwerer als die verpaßte Chance selbst.

*

Kairos: nicht genutzt - wie immer.

*

Sinnlosigkeit ist schön!

*

Die Überwindung der Mempsimoiria - ein tägliches Mühsal.

*

Eine Chance, ein kaum vorhersehbares, kontingentes Ereignis, ein glücklicher Moment, herbeigesehnt und nicht zu erhoffen gewagt: einfach vorbeiziehen lassen - und dennoch glücklich, glücklich für einen Augenblick über der Sinnlosigkeit zu stehen.

*

Sich verweigern.

*

Pyrrhonische Skepsis oder der Kampf gegen Dogmen.

*

Grundsätzlicher Zweifel als Ausdruck eines differenzierten Denkens.

*

Der Zweifel, die skeptische Betrachtung und Hinterfragung von Axiomen und Theoremen: die Grundlage einer jeden Wissenschaft - im universitären Betrieb eher unerwünscht.

*

Prima facie lebt die Wissenschaft vom kritischen Denken - *realiter* vom Selbst-Marketing.

*

Wissenschaft ist *business* - warum auch nicht - alles andere wäre Betrug am Kunden.

*

Die Wissenschaft ist eine fröhliche, aber man muß sie suchen, manchmal mühevoll, denn sie versteckt sich gerne.

*

Konventionen - es bietet sich an mit gesellschaftlichen Schranken heiter und unbeschwert umzugehen, ihre Grenzen auszuloten oder gelegentlich auch zu überschreiten, selbstredend immer nur zum *amusement* aller Beteiligten; werden sie ernst genommen, so sind sie im günstigsten Fall einfach nur ärgerlich, oft aber auch schmerzbereitend, bisweilen sogar lebensbedrohlich.

*

Die Kaffeehauskultur ist tot – es lebe das Café.

*

Reisen, durch Europa reisen, quer durch alle Regionen und Landschaften, in Cafés sitzen, den Blick schweifen lassen, entspannen, nicht denken und doch alles aufnehmen, überall zu Hause sein und das Treiben auf sich wirken lassen, Teil davon sein ohne sich vereinnahmen zu lassen – unauffällig kosmopolitisch.

*

Sie plätschern dahin, die Tage, die Wochen und plötzlich ist er da, der perfekte Moment und der *homme machine* schüttet Endorphine aus – genau hier endet das Erklärungsmodell der Naturwissenschaft.

*

Wie schließt man ein Lebenskapitel ab, das man gar nicht abschließen möchte? – es aber besser abschließen sollte. Aber wer sagt, ob es tatsächlich besser ist? Was genau soll abschließen heißen? Eigentlich ist das gar nicht möglich, das Gedächtnis läßt sich nicht löschen, noch nicht einmal überlisten - Also, welche Option bleibt dann überhaupt, was ist sinnvoll?

*

Wenn etwas nicht der Fall ist, dann sollte man den Fall, der keiner ist, auf sich beruhen lassen.

*

Das taube Gefühl der Sinnlosigkeit breitet sich über den ganzen Körper aus, erfaßt Glieder und Gedanken gleichermaßen. Das Sich-Bewegen in Raum und Zeit erfolgt nur noch mechanisch. Reden, Antworten, Handlungsabläufe - alles funktioniert wie gewohnt, doch das Selbst scheint völlig unbeteiligt.

*

Meine Gedanken schweifen ab - *comme toujours.* Auch eine Daseinsform.

*

Die bunte, schöne und angenehme Vorstellungswelt auf die Wirklichkeit übertragen - warum funktioniert das nicht? Gibt es keine Brücke von der Imagination zur Realität? Ein schmaler Pfad, eine Hängebrücke über einen tosenden Abgrund, das sollte doch möglich sein.

*

Der Friedhof der unerfüllten Wünsche und Sehnsüchte.

*

Welche *remedia* stehen noch zur Verfügung, wenn die Philosophie keinen Trost mehr spendet.

*

Das Evidente nicht wahrhaben wollen - der menschliche Normalfall.

*

Das Evidente nicht wahrhaben wollen und daran verzweifeln; verzweifeln an der eigenen Unzulänglichkeit.

*

Zu wissen, daß man das Evidente nicht wahrhaben will und damit auch nicht wahrhaben kann, gleichwohl es verstandesmäßig als evident erkannt wurde, ist zwar in gewisser Weise eine sokratische Erkenntnis, doch die Blockade und das Unvermögen bleiben bestehen.

*

Ein Ausbruch aus dem *circulus vitiosus* des Unvermögens das Evidente nicht wahrhaben zu wollen und zu können, wäre nur eine Akzeptanz dieser Aporie im Sinne einer Annahme des Sisyphos'schen Schicksals - dies ist jedoch nicht immer möglich, läuft es doch der menschlichen Natur zuwider das Unvermeidliche hinzunehmen.

*

Wenn in dem maximalen Glücksmoment ein nicht minder großer Schmerz innewohnt.

*

Euphrosyne - gerade, wenn es einem nicht danach ist, sollte man diesen Zustand zu erreichen suchen.

*

Je pense, je pense, je pense…donc, je ne peux plus arrêter.

*

Beim Nachdenken über das Leben, das Leben versäumen - ein gängiges Phänomen. Und doch, auch die Selbsterkenntnis bietet keinen Schutz. Wer beides kann - leben und denken - hat gewonnen.

*

Sie lebt, reflektiert und fühlt - er denkt darüber nach.

*

Das Leben im Dienste der künstlerischen Sublimierung - sich durch die Realität treiben lassen, allein um das Erlebte produktiv zu verarbeiten, blind für das sich selbstgenügende Dasein.

*

Wenn der stechende Schmerz nachläßt, breitet sich das Gefühl der allumfassenden Taubheit aus - alles wird egal. Der Weg zur Normalität ist ein langer.

*

Egal was passiert, das Leben hält nicht inne - erschreckend.

*

Rückschläge lassen einen das Leben verstehen, helfen Momente zu schätzen - zuviele Rückschläge lassen einen verbittern.

*

Hoffen, daß es vorbei geht; wenn es vorbei ist, erneut hoffen bis auch das Nächste vorbei ist - irgendwann ist alles vorbei, auch das Leben.

*

Was ist ein vernünftiger Anteil nicht-vernunftgesteuerten Lebens, um das Leben nicht nur der *ratio* zu unterwerfen, sondern erlebbar und fühlbar zu machen?

*

Auf der Suche, rastlos auf der Suche, etwas Erreichen und weitersuchen, unermüdlich suchen, etwas finden und es wieder verwerfen, die Suche wieder aufnehmen, immer unruhiger, suchend umherirren, ohne konkretes Ziel - die Suche wird zur Daseinsform.

*

Wenn das Licht des *siècle de lumières* mal wieder recht schwach leuchtet, dumpfe Religion, Intoleranz und mangelnde *ratio* in jeder Form um sich greift, das Denken noch unerwünschter ist als sonst, und Ignoranz *per se* salonfähig, dann ist man aufgewacht im abgedimmtem Okzident des Hier und Jetzt.

*

Aus der selbstverschuldeten Unmündigkeit hinausfinden - wieso sollte man das wollen? Die schweigende Mehrheit liebt es komplexe Sachverhalte zu reduzieren, zu banalisieren und in kognitive Sackgassen zu kanalisieren.

*

Kein Denken - keine Verantwortung: das Leben kann so einfach sein. Ein weitverbreitetes Credo.

*

Die Essenz von *religio* an sich ist das gemeinschaftliche, kultische, sakrale, in Form einer Hinwendung zur Transzendenz. Und genau dies hemmt das Denken - fatal!

*

Denken ist erlaubt, ja sogar erwünscht - doch allein zweckgebunden, in vorgegebenen Bahnen, teleologisch unter dem Diktat von Ökonomie, Politik und öffentlicher Moral.

*

Institutionell gebunden an dafür vorgesehene Einrichtungen, ist die Reflexion gern gesehen, dort, wo der Gedankengang keinen Schaden anrichtet und unter Anleitung ausgeübt wird.

*

In der Masse wird die Fähigkeit des Denkens erdrückt.

*

Die Suche nach der *vita contemplativa* ist eine immerwährende - man sollte sie nie aufgeben.

*

Das Bürgerliche Gesetz ist in erster Linie ein Gesetz der Bürgerlichkeit oder anders formuliert ein Gesetz zum Schutze des bürgerlichen Besitzes. Der Schutz des Menschen, seiner Unversehrtheit und seiner Würde, ist nur ein kleiner Nebeneffekt, aber sicher kein Primat.

*

Es kann in einem Rechtsstaat keine Gerechtigkeit geben, zumindest keine prinzipielle, fehlt einem universalen *ius naturalis* als mögliche Grundlage doch jegliche normgebende Instanz - positives

Recht unterliegt immer einer gesellschaftlichen Bedingtheit und zieht unweigerlich auch Anwendungsfehler nach sich.

*

Politik außerhalb der *polis* kann nicht funktionieren.

*

Demokratie ohne *agora* ist ein Wagnis - aber das Risiko muß man wohl eingehen.

*

Life is brutal - I walk on.

*

Eskapistisches Reisen ist keine Lösung - aber trotzdem ein Gewinn.

*

Literarische Attitüde im Kaffeehaus - selbst dem Klischee wird übel.

*

Dem inneren Dämon fliehen gelingt weder an entfernten Orten oder auf hohen Gipfeln, noch durch vertieftes Studium oder vermehrte Geselligkeit - man muß ihn aushungern.

*

Der Konvivialismus, eine naive Utopie aus dem Elfenbeinturm, unter Verkennung der historischen Bedingtheit; weitgehend ohne Agitation und vor allem ohne jegliche Kontur: Ein Minimalkonsens, der Zustimmung ermöglicht, *bien entendu,* aber der die Persistenzfähigkeit der historisch gewachsenen politischen, ökonomischen und weltanschaulichen Systeme verkennt, sowie die kriminelle Energie des Individuums.

*

Eudämonie kann auch die Vorstellung von Glück sein. Bereits die Imagination eines glücklichen Momentes, eines hypothetisierten glücklichen Zustandes evoziert - je nach Stärke der Vorstellungskraft - ein direktes Glücksgefühl; ein fühlbares Glück aufgrund eines womöglich nie eintretenden tatsächlichen, glücksverheißenden Ereignisses.

*

Die glücklichen Momente sind immer die wahren Momente, die einzige Wahrheit, die überhaupt denkbar ist - alles andere ist konstruiert.

*

Glück ist Wahrheit und damit *per se* erstrebenswert.

*

BISHERIGE PUBLIKATIONEN

BÜCHER

Schöntag, Roger (2010): *Gedankenhölle. Kurzgeschichten und andere Kurzformen.* Norderstedt: Books on Demand (BoD).

Schöntag, Roger (2010): *Aphorismen.* Norderstedt: Books on Demand (BoD).

Schöntag, Roger (2010): *Interne Mitteilungen. Gedichte 1989-1999.* Norderstedt: Books on Demand (BoD).

PUBLIKATIONEN IN LITERARISCHEN SAMMELBÄNDEN UND ZEITSCHRIFTEN

Schöntag, Roger (2000): „Der Krimi", in: Frieling, Wilhelm Ruprecht (Hrsg.): *Prosa de Luxe. Anno 2000.* Berlin: Frieling & Partner (= Frieling - Anthologien und Jahrbücher), 316-317.

Schöntag, Roger (2000): „Protokoll", in: Frieling, Wilhelm Ruprecht (Hrsg.): *Prosa de Luxe. Anno 2000.* Berlin: Frieling & Partner (= Frieling - Anthologien und Jahrbücher), 318.

Schöntag, Roger (2000): „Spiegel", in: Frieling, Wilhelm Ruprecht (Hrsg.): *Prosa de Luxe. Anno 2000.* Berlin: Frieling & Partner (= Frieling - Anthologien und Jahrbücher), 319.

Schöntag, Roger (2004): „Ästhetik", in: Zimmermann, Anja/Roediger, Thomas (Hrsg.): *Die Literareon Lyrik-Bibliothek.* Band I. München: Herbert Utz, 198.

Czezior, Patricia/Schöntag, Roger (2006): „Benacus", in: Quester, Ernst/Greifoner, Sabrina/Hannemann, Sarah-Janina/Schmolz, Christoph (Hrsg.): *Literaturzirkel Freies Schreiben. Skizzen 04-06.* Starnberg: Eigendruck im Selbstverlag, 196.

Schöntag, Roger (2009): „Die Gutenberg-Galaxie", in: Quester, Ernst/Czezior, Patricia/Schmolz, Christoph (Hrsg.): *Literaturzirkel Freies Schreiben. Skizzen 07-09.* Starnberg: Eigendruck im Selbstverlag, 257.

Schöntag, Roger (2009): „Ontologie", in: Quester, Ernst/Czezior, Patricia/Schmolz, Christoph (Hrsg.): *Literaturzirkel Freies Schreiben. Skizzen 07-09.* Starnberg: Eigendruck im Selbstverlag, 143.

Czezior, Patricia/Schöntag, Roger (2009): „Transzendenz II", in: Quester, Ernst/Czezior, Patricia/Schmolz, Christoph (Hrsg.): *Literaturzirkel Freies Schreiben. Skizzen 07-09.* Starnberg: Eigendruck im Selbstverlag, 143.

Schöntag, Roger (2011): „Der Schlossgarten", in: Quester, Ernst/Schmolz, Christoph/Müller, Fabian (Hrsg.): *Literaturzirkel Freies Schreiben. Skizzen 09-11.* Starnberg: Eigendruck im Selbstverlag, 193-194.

Schöntag, Roger (2012): „Gedankensplitter", in: *Starnberger Hefte* 1 (Juli), 53.

Schöntag, Roger (2012): „Vanitas in der Metropole", in: *Starnberger Hefte* 1 (Juli), 53.

Schöntag, Roger (2013): „Die Schreibstube", in: *Starnberger Hefte* 3 (März), 52-54.

Schöntag, Roger (2014): „Der Lakonietag", in: *Starnberger Hefte* 7 (Juli), 58-59.

Schöntag, Roger (2015): „Zwischen den Welten", in: *Starnberger Hefte* 11 (November) [im Druck].

HERAUSGABE

Ligniez, Rolf Krafft (2014): *Nachhall. Gedichte. Petrarkistisches Dichten in der späten Neo-Romantik.* Herausgegeben und eingeleitet von Roger Schöntag. Nebst dem Abdruck eines Briefes anläßlich des Todes von Max Kommerell. Göttingen: V&R unipress.

ÜBERSETZUNGEN

Blake, Jennifer (2010): *Im Wirbel der Gefühle*. München: Wilhelm Heyne (Übersetzung: Roger Schöntag) [Original: *Triumph in Arms*. Toronto: Mira Books (Harlequin) 2010].

Schöntag, Roger (2015): „Eine Übertragung des Sonetts *Amour, lors que premier ma franchise fut morte* von La Boétie ins Deutsche", in: *Starnberger Hefte* 9 (März), 65-75.

Zum Autor

ROGER SCHÖNTAG, geb. 1971 in München, studierte Romanischen Philologie und Geschichte an der LMU München, arbeitete während und nach seiner Promotion 2003 in verschiedenen Berufen und ist seit 2009 an der FAU Erlangen als Dozent für französische, italienische und spanische Sprachwissenschaft tätig. Bisher sind von ihm u.a. seine Kurzgeschichtensammlung *Gedankenhölle* erschienen, ein Band mit *Aphorismen* sowie Gedichte, Kurzgeschichten und Essays in der Zeitschrift *Starnberger Hefte*. Im Rahmen seiner wissenschaftlichen Tätigkeit hat er u.a. die wiss. Erstausgabe der Gedichte (*Nachhall*) von Rolf K. Ligniez besorgt.